TRANZLATY
El idioma es para todos
भाषा सभी के लिए है

La Bella y la Bestia

सौंदर्य और जानवर

Gabrielle-Suzanne Barbot de Villeneuve

Español / हिंदी

Copyright © 2025 Tranzlaty
All rights reserved
Published by Tranzlaty
ISBN: 978-1-80572-080-5
Original text by Gabrielle-Suzanne Barbot de Villeneuve
La Belle et la Bête
First published in French in 1740
Taken from The Blue Fairy Book (Andrew Lang)
Illustration by Walter Crane
www.tranzlaty.com

Había una vez un rico comerciante
एक बार एक अमीर व्यापारी था
Este rico comerciante tuvo seis hijos.
इस अमीर व्यापारी के छह बच्चे थे
Tenía tres hijos y tres hijas.
उनके तीन बेटे और तीन बेटियां थीं
No escatimó en gastos para su educación
उन्होंने उनकी शिक्षा के लिए कोई खर्च नहीं छोड़ा
Porque era un hombre sensato
क्योंकि वह समझदार आदमी था
pero dio a sus hijos muchos siervos
किन्तु उसने अपने बच्चों को बहुत से सेवक दिए
Sus hijas eran extremadamente bonitas
उनकी बेटियां बेहद सुंदर थीं
Y su hija menor era especialmente bonita.
और उनकी सबसे छोटी बेटी विशेष रूप से सुंदर थी
Desde niña ya admiraban su belleza
एक बच्चे के रूप में उसकी सुंदरता पहले से ही प्रशंसा की गई थी
y la gente la llamaba por su belleza
और लोग उसे उसकी सुंदरता से बुलाते थे
Su belleza no se desvaneció a medida que envejecía.
उम्र बढ़ने के साथ उसकी सुंदरता फीकी नहीं पड़ी
Así que la gente seguía llamándola por su belleza.
इसलिए लोग उसे उसकी सुंदरता से पुकारते रहे
Esto puso muy celosas a sus hermanas.
इससे उसकी बहनों को बहुत जलन होती थी
Las dos hijas mayores tenían mucho orgullo.
दो बड़ी बेटियों को बहुत गर्व था
Su riqueza era la fuente de su orgullo.
उनका धन उनके गौरव का स्रोत था

y tampoco ocultaron su orgullo
और उन्होंने अपने अभिमान को भी नहीं छिपाया
No visitaron a las hijas de otros comerciantes.
वे अन्य व्यापारियों की बेटियों से मिलने नहीं गए
Porque sólo se encuentran con la aristocracia.
क्योंकि वे केवल अभिजात वर्ग से मिलते हैं
Salían todos los días a fiestas.
वे हर दिन पार्टियों में जाते थे
bailes, obras de teatro, conciertos, etc.
गेंदों, नाटकों, संगीत कार्यक्रमों, और आगे
y se rieron de su hermana menor
और वे अपनी सबसे छोटी बहन पर हँसे
Porque pasaba la mayor parte del tiempo leyendo
क्योंकि वह अपना अधिकांश समय पढ़ने में बिताती थी
Era bien sabido que eran ricos
यह सर्वविदित था कि वे धनी थे
Así que varios comerciantes eminentes pidieron su mano.
इसलिए कई प्रतिष्ठित व्यापारियों ने अपना हाथ मांगा
pero dijeron que no se iban a casar
लेकिन उन्होंने कहा कि वे शादी नहीं करेंगे
Pero estaban dispuestos a hacer algunas excepciones.
लेकिन वे कुछ अपवाद बनाने के लिए तैयार थे
"Quizás podría casarme con un duque"
"शायद मैं एक ड्यूक से शादी कर सकता हूं"
"Supongo que podría casarme con un conde"
"मुझे लगता है कि मैं एक अर्ल से शादी कर सकता हूं"
Bella agradeció muy civilizadamente a quienes le propusieron matrimonio.
ब्यूटी ने बहुत ही सभ्य तरीके से उन लोगों को धन्यवाद दिया जिन्होंने उसे प्रस्ताव दिया
Ella les dijo que todavía era demasiado joven para casarse.

उसने उन्हें बताया कि वह अभी भी शादी करने के लिए बहुत छोटी थी

Ella quería quedarse unos años más con su padre.

वह अपने पिता के साथ कुछ और साल रहना चाहती थी

De repente el comerciante perdió su fortuna.

एक ही बार में व्यापारी ने अपना भाग्य खो दिया

Lo perdió todo excepto una pequeña casa de campo.

उसने एक छोटे से देश के घर के अलावा सब कुछ खो दिया

Y con lágrimas en los ojos les dijo a sus hijos:

और उसने अपने बच्चों को उसकी आँखों में आँसू के साथ कहा:

"Tenemos que ir al campo"

"हमें ग्रामीण इलाकों में जाना चाहिए"

"y debemos trabajar para vivir"

"और हमें अपने जीवन यापन के लिए काम करना चाहिए"

Las dos hijas mayores no querían abandonar el pueblo.

दो बड़ी बेटियां शहर नहीं छोड़ना चाहती थीं

Tenían varios amantes en la ciudad.

शहर में उनके कई प्रेमी थे

y estaban seguros de que uno de sus amantes se casaría con ellos

और उन्हें यकीन था कि उनका कोई प्रेमी उनसे शादी करेगा

Pensaban que sus amantes se casarían con ellos incluso sin fortuna.

उन्होंने सोचा कि उनके प्रेमी बिना किसी भाग्य के भी उनसे शादी करेंगे

Pero las buenas damas estaban equivocadas.

लेकिन अच्छी महिलाओं को गलत समझा गया

Sus amantes los abandonaron muy rápidamente

उनके प्रेमियों ने उन्हें बहुत जल्दी छोड़ दिया

porque ya no tenían fortuna

क्योंकि उनके पास अब कोई भाग्य नहीं था
Esto demostró que en realidad no eran muy queridos.
इससे पता चला कि वे वास्तव में अच्छी तरह से पसंद नहीं किए गए थे
Todos dijeron que no merecían compasión.
सभी ने कहा कि वे दया के लायक नहीं हैं
"Nos alegra ver su orgullo humillado"
"हम उनके गौरव को विनम्र देखकर खुश हैं"
"Que se sientan orgullosos de ordeñar vacas"
"उन्हें गायों का दूध निकालने पर गर्व होना चाहिए"
Pero estaban preocupados por Bella.
लेकिन वे सुंदरता के लिए चिंतित थे
Ella era una criatura tan dulce
वह इतनी प्यारी प्राणी थी
Ella hablaba tan amablemente a la gente pobre.
वह गरीब लोगों से बहुत प्यार से बात करती थी
Y ella era de una naturaleza tan inocente.
और वह इतने मासूम स्वभाव की थी
Varios caballeros se habrían casado con ella.
कई सज्जनों ने उससे शादी की होगी
Se habrían casado con ella aunque fuera pobre
वे गरीब होते हुए भी उससे शादी कर लेते
pero ella les dijo que no podía casarlos
लेकिन उसने उनसे कहा कि वह उनसे शादी नहीं कर सकती
porque ella no dejaría a su padre
क्योंकि वह अपने पिता को नहीं छोड़ेगी
Ella estaba decidida a ir con él al campo.
वह उसके साथ ग्रामीण इलाकों में जाने के लिए दृढ़ थी
para que ella pudiera consolarlo y ayudarlo
ताकि वह उसे दिलासा दे सके और उसकी मदद कर सके
La pobre belleza estaba muy triste al principio.

बेचारी ब्यूटी पहले तो बहुत दुखी हुई
Ella estaba afligida por la pérdida de su fortuna.
वह अपने भाग्य के नुकसान से दुखी थी
"Pero llorar no cambiará mi suerte"
"लेकिन रोने से मेरी किस्मत नहीं बदलेगी"
"Debo intentar ser feliz sin riquezas"
"मुझे धन के बिना खुद को खुश करने की कोशिश करनी चाहिए"
Llegaron a su casa de campo
वे अपने देश के घर में आए
y el comerciante y sus tres hijos se dedicaron a la agricultura
और व्यापारी और उसके तीन बेटों ने खुद को पति के लिए लगाया
Bella se levantó a las cuatro de la mañana.
सुबह चार बजे ब्यूटी उठी
y se apresuró a limpiar la casa
और वह जल्दी से घर की सफाई करने लगी
y se aseguró de que la cena estuviera lista
और उसने सुनिश्चित किया कि रात का खाना तैयार था
Al principio encontró su nueva vida muy difícil.
शुरुआत में उसे अपना नया जीवन बहुत मुश्किल लगा
porque no estaba acostumbrada a ese tipo de trabajo
क्योंकि उसे इस तरह के काम की आदत नहीं थी
Pero en menos de dos meses se hizo más fuerte.
लेकिन दो महीने से भी कम समय में वह मजबूत हो गई
Y ella estaba más sana que nunca.
और वह पहले से कहीं ज्यादा स्वस्थ थी
Después de haber hecho su trabajo, leyó
अपना काम करने के बाद उसने पढ़ा
Ella tocaba el clavicémbalo

वह हार्पसीकोर्ड पर खेलती थी
o cantaba mientras hilaba seda
या वह रेशम कातें समय गाती थी
Por el contrario, sus dos hermanas no sabían cómo pasar el tiempo.
इसके विपरीत, उसकी दो बहनों को नहीं पता था कि अपना समय कैसे व्यतीत करना है
Se levantaron a las diez y no hicieron nada más que holgazanear todo el día.
वे दस बजे उठे और पूरे दिन आलस्य के अलावा कुछ नहीं किया
Lamentaron la pérdida de sus hermosas ropas.
उन्होंने अपने अच्छे कपड़ों के खो जाने का शोक व्यक्त किया
y se quejaron de perder a sus conocidos
और उन्होंने अपने परिचितों को खोने की शिकायत की
"Mirad a nuestra hermana menor", se dijeron.
"हमारी सबसे छोटी बहन को देखो," उन्होंने एक-दूसरे से कहा
"¡Qué criatura tan pobre y estúpida es!"
"वह कितना गरीब और बेवकूफ प्राणी है"
"Es mezquino contentarse con tan poco"
"इतने कम में संतुष्ट रहना मतलबी है"
El amable comerciante tenía una opinión muy diferente.
दयालु व्यापारी काफी अलग राय का था
Él sabía muy bien que Bella eclipsaba a sus hermanas.
वह अच्छी तरह से जानता था कि ब्यूटी अपनी बहनों से आगे निकल जाती है
Ella los eclipsó tanto en carácter como en mente.
उसने उन्हें चरित्र के साथ-साथ दिमाग में भी पछाड़ दिया
Él admiraba su humildad y su arduo trabajo.
उन्होंने उनकी विनम्रता और उनकी कड़ी मेहनत की प्रशंसा की
Pero sobre todo admiraba su paciencia.

लेकिन सबसे ज्यादा उसने उसके धैर्य की प्रशंसा की
Sus hermanas le dejaron todo el trabajo por hacer.
उसकी बहनों ने उसे सारा काम करने के लिए छोड़ दिया
y la insultaban a cada momento
और उन्होंने हर पल उसका अपमान किया
La familia había vivido así durante aproximadamente un año.
करीब एक साल से परिवार ऐसे ही रह रहा था
Entonces el comerciante recibió una carta de un contable.
तभी व्यापारी को एक लेखपाल का पत्र मिला
Tenía una inversión en un barco.
उन्होंने एक जहाज में निवेश किया था
y el barco había llegado sano y salvo
और जहाज सुरक्षित रूप से आ गया था
Esta noticia hizo que las dos hijas mayores se volvieran locas.
इस खबर ने दोनों बड़ी बेटियों के सिर फोड़ दिए
Inmediatamente tuvieron esperanzas de regresar a la ciudad.
उन्हें तुरंत शहर लौटने की उम्मीद थी
Porque estaban bastante cansados de la vida en el campo.
क्योंकि वे देश के जीवन से काफी थके हुए थे
Fueron a ver a su padre cuando él se iba.
वे अपने पिता के पास गए क्योंकि वह जा रहे थे
Le rogaron que les comprara ropa nueva
उन्होंने उनसे नए कपड़े खरीदने की भीख मांगी
Vestidos, cintas y todo tipo de cositas.
कपड़े, रिबन, और सभी प्रकार की छोटी चीजें
Pero Bella no pedía nada.
लेकिन सुंदरता ने कुछ नहीं मांगा
Porque pensó que el dinero no sería suficiente.
क्योंकि उसने सोचा था कि पैसा पर्याप्त नहीं होगा

No habría suficiente para comprar todo lo que sus hermanas querían.

उसकी बहनों को जो कुछ भी चाहिए था उसे खरीदने के लिए पर्याप्त नहीं होगा

- ¿Qué te gustaría, Bella? -preguntó su padre.

"तुम क्या पसंद करोगी, सुंदरी?" उसके पिता ने पूछा

"Gracias, padre, por la bondad de pensar en mí", dijo.

"धन्यवाद, पिता, मेरे बारे में सोचने के लिए अच्छाई के लिए," उसने कहा

"Padre, ten la amabilidad de traerme una rosa"

"पिताजी, इतनी कृपा करो कि मेरे लिए एक गुलाब लाओ"

"Porque aquí en el jardín no crecen rosas"

"क्योंकि यहाँ बगीचे में गुलाब नहीं उगते"

"y las rosas son una especie de rareza"

"और गुलाब एक प्रकार की दुर्लभता है"

A Bella realmente no le importaban las rosas

सुंदरता वास्तव में गुलाब की परवाह नहीं करती थी

Ella solo pidió algo para no condenar a sus hermanas.

उसने केवल अपनी बहनों की निंदा न करने के लिए कुछ मांगा

Pero sus hermanas pensaron que ella pidió rosas por otros motivos.

लेकिन उसकी बहनों ने सोचा कि उसने अन्य कारणों से गुलाब मांगे

"Lo hizo sólo para parecer especial"

"उसने इसे सिर्फ विशेष रूप से देखने के लिए किया"

El hombre amable continuó su viaje.

दयालु आदमी अपनी यात्रा पर चला गया

pero cuando llego discutieron sobre la mercancia

लेकिन जब वह आया तो उन्होंने माल के बारे में बहस की

Y después de muchos problemas volvió tan pobre como

antes.
और काफी मशक्कत के बाद वह पहले की तरह गरीब होकर वापस आया
Estaba a un par de horas de su propia casa.
वह अपने घर से कुछ घंटों के भीतर था
y ya imaginaba la alegría de ver a sus hijos
और वह पहले से ही अपने बच्चों को देखने की खुशी की कल्पना करता था
pero al pasar por el bosque se perdió
लेकिन जंगल से गुजरते समय वह खो गया
Llovió y nevó terriblemente
बहुत बारिश हुई और बर्फबारी हुई
El viento era tan fuerte que lo arrojó del caballo.
हवा इतनी तेज थी कि उसने उसे अपने घोड़े से फेंक दिया
Y la noche se acercaba rápidamente
और रात जल्दी आ रही थी
Empezó a pensar que podría morir de hambre.
वह सोचने लगा कि वह भूखा मर सकता है
y pensó que podría morir congelado
और उसने सोचा कि वह जम कर मर सकता है
y pensó que los lobos podrían comérselo
और उसने सोचा कि भेड़िये उसे खा सकते हैं
Los lobos que oía aullar a su alrededor
भेड़ियों है कि वह उसके चारों ओर गरजना सुना
Pero de repente vio una luz.
लेकिन अचानक उसने एक रोशनी देखी
Vio la luz a lo lejos entre los árboles.
उसने पेड़ों के बीच से कुछ दूरी पर प्रकाश देखा
Cuando se acercó vio que la luz era un palacio.
जब वह करीब गया तो उसने देखा कि प्रकाश एक महल था
El palacio estaba iluminado de arriba a abajo.

महल ऊपर से नीचे तक जगमगा रहा था
El comerciante agradeció a Dios por su suerte.
व्यापारी ने भगवान को उसकी किस्मत के लिए धन्यवाद दिया
y se apresuró a ir al palacio
और वह जल्दी से महल की ओर चल पड़ा
Pero se sorprendió al no ver gente en el palacio.
लेकिन महल में कोई भी व्यक्ति नहीं देखकर वह हैरान रह गया
El patio estaba completamente vacío.
आंगन पूरी तरह से खाली था
y no había señales de vida en ninguna parte
और कहीं भी जीवन का कोई संकेत नहीं था
Su caballo lo siguió hasta el palacio.
उसका घोड़ा उसके पीछे-पीछे महल में चला गया
y luego su caballo encontró un gran establo
और फिर उसके घोड़े को बड़ा अस्तबल मिला
El pobre animal estaba casi muerto de hambre.
बेचारा जानवर लगभग भूखा था
Entonces su caballo fue a buscar heno y avena.
इसलिए उसका घोड़ा घास और जई खोजने के लिए अंदर गया
Afortunadamente encontró mucho para comer.
सौभाग्य से उसे खाने के लिए बहुत कुछ मिला
y el mercader ató su caballo al pesebre
और व्यापारी ने अपने घोड़े को चरनी से बांध दिया
Caminando hacia la casa no vio a nadie.
घर की ओर चलते हुए उसने देखा कि कोई नहीं है
Pero en un gran salón encontró un buen fuego.
लेकिन एक बड़े हॉल में उसे एक अच्छी आग मिली
y encontró una mesa puesta para uno
और उसे एक के लिए एक टेबल सेट मिला
Estaba mojado por la lluvia y la nieve.

वह बारिश और बर्फ से भीगा हुआ था

Entonces se acercó al fuego para secarse.

इसलिए वह खुद को सुखाने के लिए आग के पास गया

"Espero que el dueño de la casa me disculpe"

"मुझे आशा है कि घर के मालिक मुझे क्षमा करेंगे"

"Supongo que no tardará mucho en aparecer alguien"

"मुझे लगता है कि किसी को दिखाई देने में देर नहीं लगेगी"

Esperó un tiempo considerable

उन्होंने काफी देर इंतजार किया

Esperó hasta que dieron las once y todavía no venía nadie.

उसने ग्यारह बजने तक इंतजार किया, और फिर भी कोई नहीं आया

Al final tenía tanta hambre que no podía esperar más.

अंत में वह इतना भूखा था कि वह अब और इंतजार नहीं कर सकता था

Tomó un poco de pollo y se lo comió en dos bocados.

उसने कुछ चिकन लिया और इसे दो कौर में खाया

Estaba temblando mientras comía la comida.

खाना खाते समय वह कांप रहा था

Después de esto bebió unas copas de vino.

इसके बाद उन्होंने कुछ गिलास शराब पी

Cada vez más valiente, salió del salón.

और हिम्मत करके वह हॉल से बाहर चला गया

y atravesó varios grandes salones

और वह कई भव्य हॉल के माध्यम से पार कर गया

Caminó por el palacio hasta llegar a una cámara.

वह महल के माध्यम से चला गया जब तक कि वह एक कक्ष में नहीं आया

Una habitación que tenía una cama muy buena.

एक कक्ष जिसमें एक बहुत अच्छा बिस्तर था

Estaba muy fatigado por su terrible experiencia.
वह अपनी परीक्षा से बहुत थक गया था
Y ya era pasada la medianoche
और समय पहले ही आधी रात बीत चुका था
Entonces decidió que era mejor cerrar la puerta.
इसलिए उसने फैसला किया कि दरवाजा बंद करना सबसे अच्छा है
y concluyó que debía irse a la cama
और उसने निष्कर्ष निकाला कि उसे बिस्तर पर जाना चाहिए
Eran las diez de la mañana cuando el comerciante se despertó.
जब व्यापारी उठा तो सुबह के दस बज रहे थे
Justo cuando iba a levantarse vio algo
जैसे ही वह उठने जा रहा था, उसने कुछ देखा
Se sorprendió al ver un conjunto de ropa limpia.
कपड़ों का एक साफ सेट देखकर वह चकित रह गया
En el lugar donde había dejado su ropa sucia.
उस जगह पर जहां उसने अपने गंदे कपड़े छोड़े थे
"Seguramente este palacio pertenece a algún tipo de hada"
"निश्चित रूप से यह महल किसी तरह की परी का है"
" Un hada que me ha visto y se ha compadecido de mí"
"एक परी जिसने मुझे देखा और दया की है"
Miró por una ventana
उसने खिड़की से झांका
Pero en lugar de nieve vio el jardín más delicioso.
लेकिन बर्फ के बजाय उसने सबसे रमणीय उद्यान देखा
Y en el jardín estaban las rosas más hermosas.
और बगीचे में सबसे सुंदर गुलाब थे
Luego regresó al gran salón.
फिर वह ग्रेट हॉल में लौट आया
El salón donde había tomado sopa la noche anterior.

वह हॉल जहाँ उसने एक रात पहले सूप खाया था
y encontró un poco de chocolate en una mesita
और उसे एक छोटी सी मेज पर कुछ चॉकलेट मिली
"Gracias, buena señora hada", dijo en voz alta.
"धन्यवाद, अच्छा मैडम परी," उन्होंने जोर से कहा
"Gracias por ser tan cariñoso"
"इतनी देखभाल करने के लिए धन्यवाद"
"Le estoy sumamente agradecido por todos sus favores"
"मैं आपके सभी एहसानों के लिए आपका बेहद आभारी हूं"
El hombre amable bebió su chocolate.
दयालु आदमी ने अपनी चॉकलेट पी ली
y luego fue a buscar su caballo
और फिर वह अपने घोड़े की तलाश में चला गया
Pero en el jardín recordó la petición de Bella.
लेकिन बगीचे में उसे ब्यूटी की रिक्वेस्ट याद आ गई
y cortó una rama de rosas
और उसने गुलाब की एक शाखा काट दी
Inmediatamente oyó un gran ruido
तुरंत उसने एक बड़ा शोर सुना
y vio una bestia terriblemente espantosa
और उसने एक भयानक भयानक जानवर को देखा
Estaba tan asustado que estaba a punto de desmayarse.
वह इतना डर गया था कि वह बेहोश होने के लिए तैयार था
-Eres muy desagradecido -le dijo la bestia.
"तुम बहुत कृतघ्न हो," जानवर ने उससे कहा
Y la bestia habló con voz terrible
और जानवर ने भयानक आवाज में बात की
"Te he salvado la vida al permitirte entrar en mi castillo"
"मैंने आपको अपने महल में प्रवेश करने की अनुमति देकर आपकी जान बचाई है"
"¿Y a cambio me robas mis rosas?"

"और इसके बदले में तुम मेरे गुलाब चुराते हो?"
"Las rosas que valoro más que nada"
"गुलाब जिसे मैं किसी भी चीज़ से परे महत्व देता हूं"
"Pero morirás por lo que has hecho"
"लेकिन तुमने जो किया है उसके लिए तुम मर जाओगे"
"Sólo te doy un cuarto de hora para que te prepares"
"मैं आपको खुद को तैयार करने के लिए एक घंटे का एक चौथाई समय देता हूं"
"Prepárate para la muerte y di tus oraciones"
"अपने आप को मौत के लिए तैयार हो जाओ और अपनी प्रार्थना कहो"
El comerciante cayó de rodillas
व्यापारी अपने घुटनों पर गिर गया
y alzó ambas manos
और उसने अपने दोनों हाथ ऊपर उठा दिए
"Mi señor, le ruego que me perdone"
"मेरे प्रभु, मैं आपसे विनती करता हूं कि मुझे क्षमा करें"
"No tuve intención de ofenderte"
"मेरा आपको अपमानित करने का कोई इरादा नहीं था"
"Recogí una rosa para una de mis hijas"
"मैंने अपनी बेटियों में से एक के लिए गुलाब इकट्ठा किया"
"Ella me pidió que le trajera una rosa"
"उसने मुझे गुलाब लाने के लिए कहा"
-No soy tu señor, pero soy una bestia -respondió el monstruo.
"मैं तुम्हारा स्वामी नहीं हूँ, लेकिन मैं एक जानवर हूँ," राक्षस ने उत्तर दिया
"No me gustan los cumplidos"
"मुझे तारीफ पसंद नहीं है"
"Me gusta la gente que habla como piensa"

"मुझे ऐसे लोग पसंद हैं जो बोलते हैं जैसा वे सोचते हैं"
"No creas que me puedo conmover con halagos"
"कल्पना मत करो कि मुझे चापलूसी से हिलाया जा सकता है"
"Pero dices que tienes hijas"
"लेकिन आप कहते हैं कि आपको बेटियां मिली हैं"
"Te perdonaré con una condición"
"मैं आपको एक शर्त पर माफ कर दूंगा"
"Una de tus hijas debe venir voluntariamente a mi palacio"
"तुम्हारी बेटियों में से एक को स्वेच्छा से मेरे महल में आना चाहिए"
"y ella debe sufrir por ti"
"और उसे तुम्हारे लिए पीड़ित होना चाहिए"
"Déjame tener tu palabra"
"मुझे अपनी बात कहने दो"
"Y luego podrás continuar con tus asuntos"
"और फिर आप अपने व्यवसाय के बारे में जा सकते हैं"
"Prométeme esto:"
"मुझसे यह वादा करो:"
"Si tu hija se niega a morir por ti, deberás regresar dentro de tres meses"
"अगर आपकी बेटी आपके लिए मरने से इनकार करती है, तो आपको तीन महीने के भीतर वापस आना होगा"
El comerciante no tenía intenciones de sacrificar a sus hijas.
व्यापारी का अपनी बेटियों की बलि देने का कोई इरादा नहीं था
Pero, como le habían dado tiempo, quiso volver a ver a sus hijas.
लेकिन, चूंकि उन्हें समय दिया गया था, इसलिए वह अपनी बेटियों को एक बार फिर देखना चाहते थे
Así que prometió que volvería.

इसलिए उसने वादा किया कि वह वापस आएगा
Y la bestia le dijo que podía partir cuando quisiera.
और जानवर ने उससे कहा कि वह जब चाहे तब निकल सकता है
y la bestia le dijo una cosa más
और जानवर ने उसे एक और बात बताई
"No te irás con las manos vacías"
"आप खाली हाथ नहीं जाएंगे"
"Vuelve a la habitación donde yacías"
"उस कमरे में वापस जाओ जहाँ तुम लेटे हो"
"Verás un gran cofre del tesoro vacío"
"आप एक महान खाली खजाने की छाती देखेंगे"
"Llena el cofre del tesoro con lo que más te guste"
"खजाने की छाती को जो कुछ भी आपको सबसे अच्छा लगता है उससे भरें"
"y enviaré el cofre del tesoro a tu casa"
"और मैं खजाने को तुम्हारे घर भेज दूंगा"
Y al mismo tiempo la bestia se retiró.
और उसी समय जानवर पीछे हट गया
"Bueno", se dijo el buen hombre.
"ठीक है," अच्छे आदमी ने खुद से कहा
"Si tengo que morir, al menos dejaré algo a mis hijos"
"अगर मुझे मरना ही है, तो मैं कम से कम अपने बच्चों के लिए कुछ छोड़ दूंगा।
Así que regresó al dormitorio.
इसलिए वह शयनकक्ष में लौट आया
y encontró una gran cantidad de piezas de oro
और उसे सोने के बहुत से टुकड़े मिले
Llenó el cofre del tesoro que la bestia había mencionado.
उसने उस खजाने को भर दिया जिसका उल्लेख जानवर ने

किया था
y sacó su caballo del establo
और वह अपने घोड़े को अस्तबल से बाहर ले गया
La alegría que sintió al entrar al palacio ahora era igual al dolor que sintió al salir de él.
महल में प्रवेश करते समय उसे जो खुशी महसूस हुई, वह अब उस दुःख के बराबर थी जो उसने इसे छोड़ने के लिए महसूस किया था
El caballo tomó uno de los caminos del bosque.
घोड़े ने जंगल की सड़कों में से एक ले लिया
Y en pocas horas el buen hombre estaba en casa.
और कुछ ही घंटों में अच्छा आदमी घर था
Sus hijos vinieron a él
उसके बच्चे उसके पास आए
Pero en lugar de recibir sus abrazos con placer, los miró.
लेकिन खुशी के साथ उनके आलिंगन प्राप्त करने के बजाय, उसने उन्हें देखा
Levantó la rama que tenía en sus manos.
उसने अपने हाथों में जो शाखा थी उसे पकड़ लिया
y luego estalló en lágrimas
और फिर वह फूट-फूटकर रोने लगा
"Belleza", dijo, "por favor toma estas rosas".
"सुंदरता," उन्होंने कहा, "कृपया इन गुलाबों को ले लो"
"No puedes saber lo costosas que han sido estas rosas"
"आप नहीं जान सकते कि ये गुलाब कितने महंगे हैं"
"Estas rosas le han costado la vida a tu padre"
"इन गुलाबों ने आपके पिता को अपना जीवन दिया है"
Y luego contó su fatal aventura.
और फिर उसने अपने घातक साहसिक कार्य के बारे में बताया
Inmediatamente las dos hermanas mayores gritaron.

तुरंत दोनों बड़ी बहनें चिल्ला उठीं

y le dijeron muchas cosas malas a su hermosa hermana

और उन्होंने अपनी खूबसूरत बहन से बहुत सी मतलबी बातें कहीं

Pero Bella no lloró en absoluto.

लेकिन ब्यूटी बिल्कुल नहीं रोई

"Mirad el orgullo de ese pequeño desgraciado", dijeron.

"उस छोटे से अभागे के गर्व को देखो," उन्होंने कहा

"ella no pidió ropa fina"

"उसने अच्छे कपड़े नहीं मांगे"

"Ella debería haber hecho lo que hicimos"

"उसे वही करना चाहिए था जो हमने किया था"

"ella quería distinguirse"

"वह खुद को अलग करना चाहती थी"

"Así que ahora ella será la muerte de nuestro padre"

"तो अब वह हमारे पिता की मृत्यु होगी"

"Y aún así no derrama ni una lágrima"

"और फिर भी वह एक आंसू नहीं बहाती"

"¿Por qué debería llorar?" respondió Bella

"मैं क्यों रोऊँ?" सुंदरी ने जवाब दिया

"Llorar sería muy innecesario"

"रोना बहुत अनावश्यक होगा"

"mi padre no sufrirá por mí"

"मेरे पिता मेरे लिए पीड़ित नहीं होंगे"

"El monstruo aceptará a una de sus hijas"

"राक्षस अपनी बेटियों में से एक को स्वीकार करेगा"

"Me ofreceré a toda su furia"

"मैं अपने आप को उसके सभी रोष के लिए पेश करूंगा"

"Estoy muy feliz, porque mi muerte salvará la vida de mi padre"

"मैं बहुत खुश हूं, क्योंकि मेरी मृत्यु मेरे पिता के जीवन को

बचाएगी"

"mi muerte será una prueba de mi amor"

"मेरी मौत मेरे प्यार का सबूत होगी"

-No, hermana -dijeron sus tres hermanos.

"नहीं, बहन," उसके तीन भाइयों ने कहा

"Eso no será"

"ऐसा नहीं होगा"

"Iremos a buscar al monstruo"

"हम राक्षस को ख़ोजने जाएंगे"

"y o lo matamos..."

"और या तो हम उसे मार देंगे ..."

"...o pereceremos en el intento"

"... या हम प्रयास में नष्ट हो जाएंगे"

"No imaginéis tal cosa, hijos míos", dijo el mercader.

"ऐसी किसी बात की कल्पना मत करो, मेरे बेटे," व्यापारी ने कहा

"El poder de la bestia es tan grande que no tengo esperanzas de que puedas vencerlo"

"जानवर की शक्ति इतनी महान है कि मुझे कोई उम्मीद नहीं है कि आप उसे दूर कर सकते हैं।

"Estoy encantado con la amable y generosa oferta de Bella"

"मैं सौंदर्य की तरह और उदार प्रस्ताव से मंत्रमुग्ध हूं"

"pero no puedo aceptar su generosidad"

"लेकिन मैं उसकी उदारता को स्वीकार नहीं कर सकता"

"Soy viejo y no me queda mucho tiempo de vida"

"मैं बूढ़ा हूँ, और मेरे पास जीने के लिए लंबा समय नहीं है।

"Así que sólo puedo perder unos pocos años"

"तो मैं केवल कुछ साल खो सकता हूं"

"Tiempo que lamento por vosotros, mis queridos hijos"

"समय जो मुझे आपके लिए खेद है, मेरे प्यारे बच्चों"

"Pero padre", dijo Bella

"लेकिन पिताजी," ब्यूटी ने कहा
"No irás al palacio sin mí"
"तुम मेरे बिना महल में नहीं जाओगे"
"No puedes impedir que te siga"
"आप मुझे अपने पीछे आने से नहीं रोक सकते"
Nada podría convencer a Bella de lo contrario.
कुछ भी सौंदर्य को अन्यथा मना नहीं सकता था
Ella insistió en ir al bello palacio.
उसने ललित महल में जाने की जिद की
y sus hermanas estaban encantadas con su insistencia
और उसकी बहनें उसकी जिद पर खुश थीं
El comerciante estaba preocupado ante la idea de perder a su hija.
व्यापारी अपनी बेटी को खोने के विचार से चिंतित था
Estaba tan preocupado que se había olvidado del cofre lleno de oro.
वह इतना चिंतित था कि वह सोने से भरे संदूक के बारे में भूल गया था
Por la noche se retiró a descansar y cerró la puerta de su habitación.
रात में वह आराम करने के लिए सेवानिवृत्त हुए, और उन्होंने अपने कक्ष का दरवाजा बंद कर दिया
Entonces, para su gran asombro, encontró el tesoro junto a su cama.
फिर, अपने महान आश्चर्य के लिए, वह अपने बिस्तर के पास खजाना पाया
Estaba decidido a no contárselo a sus hijos.
उसने ठान लिया था कि वह अपने बच्चों को नहीं बताएगा
Si lo supieran, hubieran querido regresar al pueblo.
अगर उन्हें पता होता, तो वे शहर लौटना चाहते
y estaba decidido a no abandonar el campo

और उसने ठान लिया था कि वह देहात को न छोड़ेगा
Pero él confió a Bella el secreto.
लेकिन उसने रहस्य के साथ सौंदर्य पर भरोसा किया
Ella le informó que dos caballeros habían llegado.
उसने उसे बताया कि दो सज्जन आए हैं
y le hicieron propuestas a sus hermanas
और उन्होंने अपनी बहनों को प्रस्ताव दिया
Ella le rogó a su padre que consintiera su matrimonio.
उसने अपने पिता से उनकी शादी के लिए सहमति देने की भीख मांगी
y ella le pidió que les diera algo de su fortuna
और उसने उसे अपने भाग्य में से कुछ देने के लिए कहा
Ella ya los había perdonado.
उसने उन्हें पहले ही माफ कर दिया था
Las malvadas criaturas se frotaron los ojos con cebollas.
दुष्ट प्राणियों ने प्याज से अपनी आँखें मलीं
Para forzar algunas lágrimas cuando se separaron de su hermana.
कुछ आँसू मजबूर करने के लिए जब वे अपनी बहन के साथ भाग गए
Pero sus hermanos realmente estaban preocupados.
लेकिन उसके भाई वास्तव में चिंतित थे
Bella fue la única que no derramó ninguna lágrima.
सुंदरता ही थी जिसने कोई आँसू नहीं बहाए
Ella no quería aumentar su malestar.
वह उनकी बेचैनी नहीं बढ़ाना चाहती थी
El caballo tomó el camino directo al palacio.
घोड़े ने महल के लिए सीधी सड़क ली
y hacia la tarde vieron el palacio iluminado
और शाम को उन्होंने जगमगाते महल को देखा
El caballo volvió a entrar solo en el establo.

घोड़ा खुद को फिर से अस्तबल में ले गया

Y el buen hombre y su hija entraron en el gran salón.

और भला आदमी और उसकी बेटी बड़े हॉल में गए

Aquí encontraron una mesa espléndidamente servida.

यहां उन्हें एक टेबल शानदार ढंग से परोसी गई मिली

El comerciante no tenía apetito para comer

व्यापारी को खाने की भूख नहीं थी

Pero Bella se esforzó por parecer alegre.

लेकिन ब्यूटी ने हंसमुख दिखने की कोशिश की

Ella se sentó a la mesa y ayudó a su padre.

वह मेज पर बैठ गई और अपने पिता की मदद की

Pero también pensó para sí misma:

लेकिन उसने खुद को भी सोचा:

"La bestia seguramente quiere engordarme antes de comerme"

"जानवर निश्चित रूप से मुझे खाने से पहले मुझे मोटा करना चाहता है"

"Por eso ofrece tanto entretenimiento"

"यही कारण है कि वह इस तरह के भरपूर मनोरंजन प्रदान करता है"

Después de haber comido oyeron un gran ruido.

खाना खाने के बाद उन्होंने बड़ा शोर सुना

Y el comerciante se despidió de su desdichado hijo con lágrimas en los ojos.

और व्यापारी ने अपने दुर्भाग्यपूर्ण बच्चे को विदाई दी, उसकी आँखों में आँसू के साथ

Porque sabía que la bestia venía

क्योंकि वह जानता था कि जानवर आ रहा था

Bella estaba aterrorizada por su horrible forma.

उसके भयानक रूप से सौंदर्य घबरा गया

Pero ella tomó coraje lo mejor que pudo.

लेकिन उसने साहस के रूप में अच्छी तरह से वह कर सकती थी

Y el monstruo le preguntó si venía voluntariamente.

और राक्षस ने उससे पूछा कि क्या वह स्वेच्छा से आई है

-Sí, he venido voluntariamente -dijo temblando.

"हाँ, मैं स्वेच्छा से आई हूँ," उसने कांपते हुए कहा

La bestia respondió: "Eres muy bueno"

जानवर ने जवाब दिया, "तुम बहुत अच्छे हो"

"Y te lo agradezco mucho, hombre honesto"

"और मैं तुम्हारा बहुत आभारी हूं; ईमानदार आदमी"

"Continuad vuestro camino mañana por la mañana"

"कल सुबह अपने रास्ते जाओ"

"Pero nunca pienses en venir aquí otra vez"

"लेकिन फिर कभी यहां आने के बारे में मत सोचो"

"Adiós bella, adiós bestia", respondió.

"अलविदा सौंदर्य, विदाई जानवर," उन्होंने जवाब दिया

Y de inmediato el monstruo se retiró.

और तुरंत राक्षस पीछे हट गया

"Oh, hija", dijo el comerciante.

"ओह, बेटी," व्यापारी ने कहा

y abrazó a su hija una vez más

और उसने अपनी बेटी को एक बार फिर गले लगा लिया

"Estoy casi muerto de miedo"

"मैं लगभग मौत से डरता हूं"

"Créeme, será mejor que regreses"

"मेरा विश्वास करो, बेहतर होगा कि तुम वापस चले जाओ"

"déjame quedarme aquí, en tu lugar"

"मुझे यहाँ रहने दो, तुम्हारे बजाय"

—No, padre —dijo Bella con tono decidido.

"नहीं, पिताजी," ब्यूटी ने दृढ़ स्वर में कहा

"Partirás mañana por la mañana"

"तुम कल सुबह निकलोगे"
"déjame al cuidado y protección de la providencia"
"मुझे प्रोविडेंस की देखभाल और सुरक्षा के लिए छोड़ दो"
Aún así se fueron a la cama
फिर भी वे बिस्तर पर चले गए
Pensaron que no cerrarían los ojos en toda la noche.
उन्होंने सोचा कि वे पूरी रात अपनी आँखें बंद नहीं करेंगे
pero justo cuando se acostaron se durmieron
लेकिन जैसे ही वे लेट गए, वे सो गए
Bella soñó que una bella dama se acercó y le dijo:
सौंदर्य ने सपना देखा कि एक अच्छी महिला आई और उससे कहा:
"Estoy contento, bella, con tu buena voluntad"
"मैं संतुष्ट हूं, सौंदर्य, आपकी अच्छी इच्छा के साथ"
"Esta buena acción tuya no quedará sin recompensa"
"आपका यह अच्छा कार्य पुरस्कृत नहीं होगा"
Bella se despertó y le contó a su padre su sueño.
ब्यूटी ने जागकर अपने पिता को अपना सपना बताया
El sueño ayudó a consolarlo un poco.
सपना ने उसे थोड़ा आराम देने में मदद की
Pero no pudo evitar llorar amargamente mientras se marchaba.
लेकिन वह जाते समय फूट-फूट कर रोने से खुद को रोक नहीं सका
Tan pronto como se fue, Bella se sentó en el gran salón y lloró también.
जैसे ही वह चला गया, ब्यूटी भी बड़े हॉल में बैठ गई और रोने लगी
Pero ella decidió no sentirse inquieta.
लेकिन उसने असहज न होने का संकल्प लिया
Ella decidió ser fuerte por el poco tiempo que le quedaba de

vida.
उसने जीने के लिए बचे थोड़े समय के लिए मजबूत होने का फैसला किया

Porque creía firmemente que la bestia la comería.
क्योंकि उसे दृढ़ विश्वास था कि जानवर उसे खा जाएगा

Sin embargo, pensó que también podría explorar el palacio.
हालाँकि, उसने सोचा कि वह महल का पता लगा सकती है

y ella quería ver el hermoso castillo
और वह बढ़िया महल देखना चाहती थी

Un castillo que no pudo evitar admirar.
एक महल जिसे वह निहारने में मदद नहीं कर सका

Era un palacio deliciosamente agradable.
यह एक सुखद सुखद महल था

y ella se sorprendió muchísimo al ver una puerta
और वह एक दरवाजा देखकर बेहद हैरान थी

Y sobre la puerta estaba escrito que era su habitación.
और दरवाजे पर लिखा था कि यह उसका कमरा था

Ella abrió la puerta apresuradamente
उसने जल्दी से दरवाजा खोला

y ella quedó completamente deslumbrada con la magnificencia de la habitación.
और वह कमरे की भव्यता से काफी चकाचौंध थी

Lo que más le llamó la atención fue una gran biblioteca.
जिस चीज ने मुख्य रूप से उसका ध्यान खींचा वह एक बड़ा पुस्तकालय था

Un clavicémbalo y varios libros de música.
एक हार्पसीकोर्ड और कई संगीत पुस्तकें

"Bueno", se dijo a sí misma.
"ठीक है," उसने खुद से कहा

"Veo que la bestia no dejará que mi tiempo cuelgue pesadamente"

"मैं देख रहा हूं कि जानवर मेरा समय भारी नहीं होने देगा"
Entonces reflexionó sobre su situación.
फिर उसने अपनी स्थिति के बारे में खुद को प्रतिबिंबित किया
"Si me hubiera quedado un día, todo esto no estaría aquí"
"अगर मुझे एक दिन रुकना होता तो यह सब यहाँ नहीं होता"
Esta consideración le inspiró nuevo coraje.
इस विचार ने उसे नए साहस के साथ प्रेरित किया
y tomó un libro de su nueva biblioteca
और उसने अपनी नई लाइब्रेरी से एक किताब ली
y leyó estas palabras en letras doradas:
और उसने इन शब्दों को सुनहरे अक्षरों में पढ़ा:
"Bienvenida Bella, destierra el miedo"
"सौंदर्य का स्वागत है, डर को दूर करें"
"Eres reina y señora aquí"
"आप यहाँ रानी और मालकिन हैं"
"Di tus deseos, di tu voluntad"
"अपनी इच्छा बोलो, अपनी इच्छा बोलो"
"Aquí la obediencia rápida cumple tus deseos"
"स्विफ्ट आज्ञाकारिता यहां आपकी इच्छाओं को पूरा करती है"
"¡Ay!", dijo ella con un suspiro.
"काश," उसने एक आह भरते हुए कहा
"Lo que más deseo es ver a mi pobre padre"
"सबसे ज्यादा मैं अपने गरीब पिता को देखना चाहता हूं"
"y me gustaría saber qué está haciendo"
"और मैं जानना चाहूंगा कि वह क्या कर रहा है"
Tan pronto como dijo esto se dio cuenta del espejo.
यह कहते ही उसकी नजर आईना पर पड़ी
Para su gran asombro, vio su propia casa en el espejo.
उसे महान आश्चर्य करने के लिए वह दर्पण में अपने ही घर देखा
Su padre llegó emocionalmente agotado.

उसके पिता भावनात्मक रूप से थक गए थे
Sus hermanas fueron a recibirlo
उसकी बहनें उससे मिलने गई थीं
A pesar de sus intentos de parecer tristes, su alegría era visible.
दुःखी दिखने के उनके प्रयासों के बावजूद, उनकी खुशी दिखाई दे रही थी
Un momento después todo desapareció
थोड़ी देर बाद सब गायब हो गया
Y las aprensiones de Bella también desaparecieron.
और सौंदर्य की आशंकाएं भी गायब हो गईं
porque sabía que podía confiar en la bestia
क्योंकि वह जानती थी कि वह जानवर पर भरोसा कर सकती है
Al mediodía encontró la cena lista.
दोपहर में उसने रात का खाना तैयार पाया
Ella se sentó a la mesa
वह खुद मेज पर बैठ गई
y se entretuvo con un concierto de música
और संगीत के एक संगीत कार्यक्रम के साथ उसका मनोरंजन किया गया
Aunque no podía ver a nadie
हालांकि वह किसी को नहीं देख सकता था
Por la noche se sentó a cenar otra vez
रात को वह फिर से रात के खाने के लिए बैठ गई
Esta vez escuchó el ruido que hizo la bestia.
इस बार उसने जानवर द्वारा किए गए शोर को सुना
y ella no pudo evitar estar aterrorizada
और वह भयभीत होने में मदद नहीं कर सका
"belleza", dijo el monstruo

"सुंदरता," राक्षस ने कहा
"¿Me permites comer contigo?"
"क्या आप मुझे अपने साथ खाने की अनुमति देते हैं?"
"Haz lo que quieras", respondió Bella temblando.
"जैसा चाहो वैसा करो," ब्यूटी ने कांपते हुए जवाब दिया
"No", respondió la bestia.
"नहीं," जानवर ने जवाब दिया
"Sólo tú eres la señora aquí"
"आप ही यहाँ मालकिन हैं"
"Puedes despedirme si soy problemático"
"अगर मुझे परेशानी हो तो आप मुझे दूर भेज सकते हैं"
"Despídeme y me retiraré inmediatamente"
"मुझे दूर भेज दो और मैं तुरंत वापस ले लूंगा"
-Pero dime, ¿no te parece que soy muy fea?
"लेकिन, मुझे बताओ; क्या तुम्हें नहीं लगता कि मैं बहुत बदसूरत हूँ?
"Eso es verdad", dijo Bella.
"यह सच है," ब्यूटी ने कहा
"No puedo decir una mentira"
'मैं झूठ नहीं बोल सकता'
"Pero creo que tienes muy buen carácter"
"लेकिन मेरा मानना है कि आप बहुत अच्छे स्वभाव के हैं"
"Sí, lo soy", dijo el monstruo.
"मैं वास्तव में हूँ," राक्षस ने कहा
"Pero aparte de mi fealdad, tampoco tengo sentido"
"लेकिन मेरी कुरूपता के अलावा, मुझे भी कोई मतलब नहीं है"
"Sé muy bien que soy una criatura tonta"
"मैं अच्छी तरह जानता हूं कि मैं एक मूर्ख प्राणी हूं।
—No es ninguna locura pensar así —replicó Bella.

"ऐसा सोचना मूर्खता का कोई संकेत नहीं है," ब्यूटी ने जवाब दिया

"Come entonces, bella", dijo el monstruo.

"तो खाओ, सुंदरी," राक्षस ने कहा

"Intenta divertirte en tu palacio"

"अपने महल में खुद को खुश करने की कोशिश करो"

"Todo aquí es tuyo"

"यहाँ सब कुछ तुम्हारा है"

"Y me sentiría muy incómodo si no fueras feliz"

"और अगर आप खुश नहीं थे तो मैं बहुत असहज हो जाऊंगा"

-Eres muy servicial -respondió Bella.

"आप बहुत उपकृत हैं," सौंदर्य ने उत्तर दिया

"Admito que estoy complacido con su amabilidad"

"मैं मानता हूं कि मैं आपकी दयालुता से प्रसन्न हूं"

"Y cuando considero tu bondad, apenas noto tus deformidades"

"और जब मैं आपकी दयालुता पर विचार करता हूं, तो मैं शायद ही आपकी विकृतियों को नोटिस करता हूं"

"Sí, sí", dijo la bestia, "mi corazón es bueno".

"हाँ, हाँ," जानवर ने कहा, "मेरा दिल अच्छा है

"Pero aunque soy bueno, sigo siendo un monstruo"

"हालांकि मैं अच्छा हूं, मैं अभी भी एक राक्षस हूं।

"Hay muchos hombres que merecen ese nombre más que tú"

"ऐसे कई पुरुष हैं जो आपसे ज्यादा उस नाम के लायक हैं।

"Y te prefiero tal como eres"

"और मैं आपको वैसे ही पसंद करता हूं जैसे आप हैं"

"y te prefiero más que a aquellos que esconden un corazón ingrato"

"और मैं आपको उन लोगों से अधिक पसंद करता हूं जो एक कृतघ्न दिल को छिपाते हैं ।

"Si tuviera algo de sentido común", respondió la bestia.

"काश मुझे कुछ समझ होती," जानवर ने जवाब दिया
"Si tuviera sentido común, te haría un buen cumplido para agradecerte"
"अगर मुझे समझ में आता तो मैं आपको धन्यवाद देने के लिए एक अच्छी तारीफ करता"
"Pero soy tan aburrida"
"लेकिन मैं बहुत सुस्त हूँ"
"Sólo puedo decir que le estoy muy agradecido"
"मैं केवल इतना कह सकता हूं कि मैं आपका बहुत आभारी हूं"
Bella comió una cena abundante
सुंदरता ने खाया दिल का खाना
y ella casi había superado su miedo al monstruo
और उसने राक्षस के अपने भय पर लगभग विजय प्राप्त कर ली थी
Pero ella quería desmayarse cuando la bestia le hizo la siguiente pregunta.
लेकिन जब जानवर ने उससे अगला सवाल पूछा तो वह बेहोश हो जाना चाहती थी
"Belleza, ¿quieres ser mi esposa?"
"सुंदरी, क्या तुम मेरी पत्नी बनोगी?
Ella tardó un tiempo antes de poder responder.
जवाब देने से पहले उसने कुछ समय लिया
Porque tenía miedo de hacerlo enojar
क्योंकि वह उसे गुस्सा दिलाने से डरती थी
Al final, sin embargo, dijo: "No, bestia".
अंत में, हालांकि, उसने कहा "नहीं, जानवर"
Inmediatamente el pobre monstruo silbó muy espantosamente.
तुरंत गरीब राक्षस बहुत भयावह रूप से फुफकार उठा
y todo el palacio hizo eco
और पूरा महल गूंज उठा

Pero Bella pronto se recuperó de su susto.
लेकिन ब्यूटी जल्द ही अपने डर से उबर गई
porque la bestia volvió a hablar con voz triste
क्योंकि बीस्ट ने फिर से शोकाकुल आवाज में बात की
"Entonces adiós, belleza"
"फिर अलविदा, सौंदर्य"
y sólo se volvía de vez en cuando
और वह केवल अब और फिर वापस कर दिया
mirarla mientras salía
बाहर जाते हुए उसे देखने के लिए
Ahora Bella estaba sola otra vez
अब ब्यूटी फिर से अकेली थी
Ella sintió mucha compasión
उसे बहुत करुणा महसूस हुई
"Ay, es una lástima"
"काश, यह एक हजार दया है"
"algo tan bueno no debería ser tan feo"
"कुछ भी इतना अच्छा स्वभाव इतना बदसूरत नहीं होना चाहिए"
Bella pasó tres meses muy contenta en palacio.
सुंदरी ने महल में तीन महीने बहुत संतोष से बिताए
Todas las noches la bestia le hacía una visita.
हर शाम जानवर उसे एक यात्रा का भुगतान किया
y hablaron durante la cena
और वे रात के खाने के दौरान बात करते थे
Hablaban con sentido común
उन्होंने सामान्य ज्ञान के साथ बात की
Pero no hablaban con lo que la gente llama ingenio.
लेकिन उन्होंने उस बात के साथ बात नहीं की जिसे लोग गवाह कहते हैं
Bella siempre descubre algún carácter valioso en la bestia.

सौंदर्य ने हमेशा जानवर में कुछ मूल्यवान चरित्र की खोज की
y ella se había acostumbrado a su deformidad
और उसे उसकी विकृति की आदत हो गई थी
Ella ya no temía el momento de su visita.
वह अब अपनी यात्रा के समय से नहीं डरती थी
Ahora a menudo miraba su reloj.
अब वह अक्सर अपनी घड़ी की ओर देखती थी
y ella no podía esperar a que fueran las nueve en punto
और वह नौ बजे होने का इंतजार नहीं कर सकती थी
Porque la bestia nunca dejaba de venir a esa hora
क्योंकि जानवर उस समय आने से कभी नहीं चूका
Sólo había una cosa que preocupaba a Bella.
केवल एक चीज थी जो सौंदर्य से संबंधित थी
Todas las noches antes de irse a dormir la bestia le hacía la misma pregunta.
हर रात बिस्तर पर जाने से पहले जानवर उससे एक ही सवाल पूछता था
El monstruo le preguntó si sería su esposa.
राक्षस ने उससे पूछा कि क्या वह उसकी पत्नी होगी
Un día ella le dijo: "bestia, me pones muy nerviosa"
एक दिन उसने उससे कहा, "जानवर, तुम मुझे बहुत असहज करते हो।
"Me gustaría poder consentir en casarme contigo"
"काश मैं तुमसे शादी करने के लिए सहमति दे पाता"
"Pero soy demasiado sincero para hacerte creer que me casaría contigo"
"लेकिन मैं आपको विश्वास दिलाने के लिए बहुत ईमानदार हूं कि मैं आपसे शादी करूंगा"
"nuestro matrimonio nunca se realizará"
"हमारी शादी कभी नहीं होगी"
"Siempre te veré como un amigo"

"मैं आपको हमेशा एक दोस्त के रूप में देखूंगा"
"Por favor, trate de estar satisfecho con esto"
"कृपया इससे संतुष्ट होने का प्रयास करें"
"Debo estar satisfecho con esto", dijo la bestia.
"मुझे इससे संतुष्ट होना चाहिए," जानवर ने कहा
"Conozco mi propia desgracia"
"मैं अपने दुर्भाग्य को जानता हूं"
"pero te amo con el más tierno cariño"
"लेकिन मैं आपको सबसे कोमल स्नेह के साथ प्यार करता हूं"
"Sin embargo, debo considerarme feliz"
"हालांकि, मुझे खुद को खुश समझना चाहिए"
"Y me alegraría que te quedaras aquí"
"और मुझे खुश होना चाहिए कि आप यहाँ रहेंगे"
"Prométeme que nunca me dejarás"
"वादा करो कि मैं कभी मुझे छोड़कर नहीं जाऊंगा"
Bella se sonrojó ante estas palabras.
इन शब्दों पर ब्यूटी शरमा गई
Un día Bella se estaba mirando en el espejo.
एक दिन ब्यूटी अपने आईने में देख रही थी
Su padre se había preocupado muchísimo por ella.
उसके पिता ने खुद को उसके लिए बीमार कर दिया था
Ella anhelaba verlo de nuevo más que nunca.
वह उसे फिर से पहले से कहीं ज्यादा देखने के लिए तरस रही थी
"Podría prometerte que nunca te abandonaré por completo"
"मैं वादा करता हूँ कि मैं तुम्हें कभी भी पूरी तरह से नहीं छोड़ूँगा ।
"Pero tengo un deseo tan grande de ver a mi padre"
"लेकिन मुझे अपने पिता को देखने की बहुत इच्छा है"
"Me molestaría muchísimo si dijeras que no"

"अगर आप नहीं कहते हैं तो मैं असंभव रूप से परेशान होऊंगा"

"Preferiría morir yo mismo", dijo el monstruo.

"मैं खुद मर गया था," राक्षस ने कहा

"Prefiero morir antes que hacerte sentir incómodo"

"मैं आपको बेचैनी महसूस कराने के बजाय मरना पसंद करूंगा"

"Te enviaré con tu padre"

"मैं तुम्हें तुम्हारे पिता के पास भेजूँगा"

"permanecerás con él"

"तुम उसके साथ रहोगे"

"y esta desafortunada bestia morirá de pena en su lugar"

"और यह दुर्भाग्यपूर्ण जानवर इसके बजाय दुःख से मर जाएगा"

"No", dijo Bella, llorando.

"नहीं," ब्यूटी ने रोते हुए कहा

"Te amo demasiado para ser la causa de tu muerte"

"मैं तुमसे इतना प्यार करता हूँ कि तुम्हारी मौत का कारण बन सकता हूँ ।

"Te doy mi promesa de regresar en una semana"

"मैं आपको एक सप्ताह में लौटने का वादा करता हूं"

"Me has demostrado que mis hermanas están casadas"

"आपने मुझे दिखाया है कि मेरी बहनें विवाहित हैं"

"y mis hermanos se han ido al ejército"

"और मेरे भाई सेना में गए हैं"

"déjame quedarme una semana con mi padre, ya que está solo"

"मुझे अपने पिता के साथ एक सप्ताह रहने दो, क्योंकि वह अकेला है"

"Estarás allí mañana por la mañana", dijo la bestia.

"आप कल सुबह वहां होंगे," जानवर ने कहा
"pero recuerda tu promesa"
"लेकिन अपना वादा याद रखो"
"Solo tienes que dejar tu anillo sobre una mesa antes de irte a dormir"
"बिस्तर पर जाने से पहले आपको केवल अपनी अंगूठी एक मेज पर रखने की आवश्यकता है"
"Y luego serás traído de regreso antes de la mañana"
"और फिर तुम्हें सुबह होने से पहले वापस लाया जाएगा"
"Adiós querida belleza", suspiró la bestia.
"अलविदा प्रिय सौंदर्य," जानवर ने आह भरी
Bella se fue a la cama muy triste esa noche.
उस रात ब्यूटी बहुत उदास होकर सो गई
Porque no quería ver a la bestia tan preocupada.
क्योंकि वह बीस्ट को इतना चिंतित नहीं देखना चाहती थी
A la mañana siguiente se encontró en la casa de su padre.
अगली सुबह उसने खुद को अपने पिता के घर पर पाया
Ella hizo sonar una campanita junto a su cama.
उसने अपने बिस्तर के पास एक छोटी सी घंटी बजाई
y la criada dio un grito fuerte
और दासी ने एक जोर की चीख दी
y su padre corrió escaleras arriba
और उसके पिता ऊपर भाग गए
Él pensó que iba a morir de alegría.
उसे लगा कि वह खुशी से मरने वाला है
La sostuvo en sus brazos durante un cuarto de hora.
उसने उसे एक घंटे के लिए अपनी बाहों में रखा
Finalmente los primeros saludos terminaron.
अंततः पहला अभिवादन समाप्त हो गया
Bella empezó a pensar en levantarse de la cama.
सुंदरता बिस्तर से उठने के बारे में सोचने लगी

pero se dio cuenta de que no había traído ropa
लेकिन उसे एहसास हुआ कि वह कोई कपड़े नहीं लाई थी
pero la criada le dijo que había encontrado una caja
लेकिन नौकरानी ने उसे बताया कि उसे एक बॉक्स मिला है
El gran baúl estaba lleno de vestidos y batas.
बड़ा ट्रंक गाउन और कपड़े से भरा था
Cada vestido estaba cubierto de oro y diamantes.
प्रत्येक गाउन सोने और हीरे से ढका हुआ था
Bella agradeció a la Bestia por su amable atención.
ब्यूटी ने बीस्ट को उसकी तरह की देखभाल के लिए धन्यवाद दिया
y tomó uno de los vestidos más sencillos
और उसने सबसे सादे कपड़े में से एक लिया
Ella tenía la intención de regalar los otros vestidos a sus hermanas.
वह अपनी बहनों को अन्य कपड़े देने का इरादा रखती थी
Pero ante ese pensamiento el arcón de ropa desapareció.
लेकिन यह सोचकर कपड़ों का संदूक गायब हो गया
La bestia había insistido en que la ropa era solo para ella.
बीस्ट ने जोर देकर कहा था कि कपड़े केवल उसके लिए थे
Su padre le dijo que ese era el caso.
उसके पिता ने उसे बताया कि यह मामला था
Y enseguida volvió el baúl de la ropa.
और तुरंत कपड़ों का ट्रंक फिर से वापस आ गया
Bella se vistió con su ropa nueva
ब्यूटी ने अपने नए कपड़े पहने
Y mientras tanto las doncellas fueron a buscar a sus hermanas.
और इस बीच नौकरानियां अपनी बहनों को खोजने गईं
Ambas hermanas estaban con sus maridos.
उसकी दोनों बहनें अपने पतियों के साथ थीं

Pero sus dos hermanas estaban muy infelices.
लेकिन उसकी दोनों बहनें बहुत दुखी थीं

Su hermana mayor se había casado con un caballero muy guapo.
उसकी सबसे बड़ी बहन ने एक बहुत ही सुंदर सज्जन से शादी की थी

Pero estaba tan enamorado de sí mismo que descuidó a su esposa.
लेकिन वह खुद से इतना प्यार करता था कि उसने अपनी पत्नी की उपेक्षा की

Su segunda hermana se había casado con un hombre ingenioso.
उसकी दूसरी बहन ने एक मजाकिया आदमी से शादी की थी

Pero usó su ingenio para atormentar a la gente.
लेकिन उसने लोगों को पीड़ा देने के लिए अपनी बुद्धि का इस्तेमाल किया

Y atormentaba a su esposa sobre todo.
और उसने अपनी पत्नी को सबसे ज्यादा सताया

Las hermanas de Bella la vieron vestida como una princesa
ब्यूटी की बहनों ने उसे राजकुमारी की तरह कपड़े पहने देखा

y se enfermaron de envidia
और वे ईर्ष्या से बीमार थे

Ahora estaba más bella que nunca
अब वो पहले से भी ज्यादा खूबसूरत हो चुकी थी

Su comportamiento cariñoso no pudo sofocar sus celos.
उसका स्नेही व्यवहार उनकी ईर्ष्या को दबा नहीं सका

Ella les contó lo feliz que estaba con la bestia.
उसने उन्हें बताया कि वह जानवर के साथ कितनी खुश थी

y sus celos estaban a punto de estallar
और उनकी ईर्ष्या फूटने को तैयार थी

Bajaron al jardín a llorar su desgracia.

वे अपने दुर्भाग्य के बारे में रोने के लिए बगीचे में चले गए

"¿En qué sentido esta pequeña criatura es mejor que nosotros?"

"यह छोटा प्राणी हमसे किस तरह बेहतर है?"

"¿Por qué debería estar mucho más feliz?"

"उसे इतना खुश क्यों होना चाहिए?"

"Hermana", dijo la hermana mayor.

"बहन," बड़ी बहन ने कहा

"Un pensamiento acaba de golpear mi mente"

"एक विचार ने मेरे दिमाग को मारा"

"Intentemos mantenerla aquí más de una semana"

"आइए हम उसे एक सप्ताह से अधिक समय तक यहां रखने की कोशिश करें"

"Quizás esto enfurezca al tonto monstruo"

"शायद यह मूर्ख राक्षस को क्रोधित करेगा"

"porque ella hubiera faltado a su palabra"

"क्योंकि उसने अपना शब्द तोड़ दिया होगा"

"y entonces podría devorarla"

"और फिर वह उसे खा सकता है"

"Esa es una gran idea", respondió la otra hermana.

"यह एक अच्छा विचार है," दूसरी बहन ने उत्तर दिया

"Debemos mostrarle la mayor amabilidad posible"

"हमें उसे जितना संभव हो उतना दया दिखानी चाहिए"

Las hermanas tomaron esta resolución

बहनों ने इसे अपना संकल्प बनाया

y se comportaron con mucho cariño con su hermana

और उन्होंने अपनी बहन के साथ बहुत स्नेह से व्यवहार किया

La pobre belleza lloró de alegría por toda su bondad.

बेचारी सुंदरी अपनी सारी दयालुता से खुशी के मारे रो पड़ी

Cuando la semana se cumplió, lloraron y se arrancaron el pelo.

जब सप्ताह समाप्त हो गया, तो वे रोए और अपने बाल फाड़ दिए

Parecían muy apenados por separarse de ella.

वे उसके साथ भाग लेने के लिए बहुत खेद महसूस कर रहे थे

y Bella prometió quedarse una semana más

और ब्यूटी ने एक सप्ताह अधिक रहने का वादा किया

Mientras tanto, Bella no pudo evitar reflexionar sobre sí misma.

इस बीच, सौंदर्य खुद को प्रतिबिंबित करने में मदद नहीं कर सका

Ella se preocupaba por lo que le estaba haciendo a la pobre bestia.

वह चिंतित थी कि वह गरीब जानवर के साथ क्या कर रही थी

Ella sabía que lo amaba sinceramente.

वह जानती है कि वह ईमानदारी से उससे प्यार करती थी

Y ella realmente anhelaba verlo otra vez.

और वह वास्तव में उसे फिर से देखने के लिए तरस रही थी

La décima noche también la pasó en casa de su padre.

दसवीं रात उसने अपने पिता के घर भी बिताई

Ella soñó que estaba en el jardín del palacio.

उसने सपना देखा कि वह महल के बगीचे में थी

y soñó que veía a la bestia extendida sobre la hierba

और उसने सपना देखा कि उसने जानवर को घास पर बढ़ाया हुआ देखा

Parecía reprocharle con voz moribunda

वह एक मरणासन्न आवाज में उसे फटकार लग रहा था

y la acusó de ingratitud

और उसने उस पर कृतघ्नता का आरोप लगाया

Bella se despertó de su sueño.

सुंदरता नींद से जाग गई
y ella estalló en lágrimas
और वह फूट-फूटकर रोने लगी
"¿No soy muy malvado?"
"क्या मैं बहुत दुष्ट नहीं हूँ?
"¿No fue cruel de mi parte actuar tan cruelmente con la bestia?"
"क्या जानवर के प्रति इतना निर्दयी व्यवहार करना मेरे लिए क्रूर नहीं था?"
"La bestia hizo todo lo posible para complacerme"
"जानवर ने मुझे खुश करने के लिए सब कुछ किया"
-¿Es culpa suya que sea tan feo?
"क्या यह उसकी गलती है कि वह इतना बदसूरत है?
¿Es culpa suya que tenga tan poco ingenio?
"क्या यह उसकी गलती है कि उसके पास इतनी कम बुद्धि है?"
"Él es amable y bueno, y eso es suficiente"
"वह दयालु और भला है, और यही काफी है"
"¿Por qué me negué a casarme con él?"
"मैंने उससे शादी करने से इनकार क्यों किया?
"Debería estar feliz con el monstruo"
"मुझे राक्षस के साथ खुश होना चाहिए"
"Mira los maridos de mis hermanas"
"मेरी बहनों के पतियों को देखो"
"ni el ingenio ni la belleza los hacen buenos"
"न तो विनोदी, न ही सुंदर होना उन्हें अच्छा बनाता है"
"Ninguno de sus maridos las hace felices"
"उनके पतियों में से कोई भी उन्हें खुश नहीं करता है"
"pero virtud, dulzura de carácter y paciencia"
"लेकिन सदाचार, स्वभाव की मिठास और धैर्य"
"Estas cosas hacen feliz a una mujer"

"ये चीजें एक महिला को खुश करती हैं"
"y la bestia tiene todas estas valiosas cualidades"
"और जानवर के पास ये सभी मूल्यवान गुण हैं"
"Es cierto; no siento la ternura del afecto por él"
"यह सच है; मैं उसके लिए स्नेह की कोमलता महसूस नहीं करता "
"Pero encuentro que tengo la más alta gratitud por él"
"लेकिन मुझे लगता है कि मेरे पास उसके लिए सबसे अधिक कृतज्ञता है"
"y tengo por él la más alta estima"
"और मेरे मन में उनका सर्वोच्च सम्मान है"
"y él es mi mejor amigo"
"और वह मेरा सबसे अच्छा दोस्त है"
"No lo haré miserable"
"मैं उसे दुखी नहीं करूँगा"
"Si fuera tan desagradecido nunca me lo perdonaría"
"अगर मैं इतना कृतघ्न होता तो मैं खुद को कभी माफ नहीं करता।
Bella puso su anillo sobre la mesa.
ब्यूटी ने अपनी अंगूठी टेबल पर रख दी
y ella se fue a la cama otra vez
और वह फिर से बिस्तर पर चली गई
Apenas estaba en la cama cuando se quedó dormida.
सोने से पहले वह बिस्तर पर थी
Ella se despertó de nuevo a la mañana siguiente.
अगली सुबह वह फिर से उठा
Y ella estaba muy contenta de encontrarse en el palacio de la bestia.
और वह खुद को जानवर के महल में पाकर बहुत खुश हुई
Ella se puso uno de sus vestidos más bonitos para complacerlo.

उसने उसे खुश करने के लिए अपनी सबसे अच्छी पोशाक पहन ली

y ella esperó pacientemente la tarde

और वह धैर्यपूर्वक शाम का इंतजार करने लगी

llegó la hora deseada

अंत में वांछित घड़ी आ गई

El reloj dio las nueve, pero ninguna bestia apareció

घड़ी में नौ बज गए, फिर भी कोई जानवर दिखाई नहीं दिया

Bella entonces temió haber sido la causa de su muerte.

ब्यूटी को तब डर था कि वह उसकी मौत का कारण थी

Ella corrió llorando por todo el palacio.

वह महल के चारों ओर रोती हुई दौड़ी

Después de haberlo buscado por todas partes, recordó su sueño.

हर जगह उसकी तलाश करने के बाद, उसे अपना सपना याद आया

y ella corrió hacia el canal en el jardín

और वह बगीचे में नहर की ओर भागी

Allí encontró a la pobre bestia tendida.

वहाँ उसने गरीब जानवर को फैला हुआ पाया

y estaba segura de que lo había matado

और उसे यकीन था कि उसने उसे मार डाला था

Ella se arrojó sobre él sin ningún temor.

उसने बिना किसी भय के खुद को उस पर फेंक दिया

Su corazón todavía latía

उसका दिल अभी भी धड़क रहा था

Ella fue a buscar un poco de agua al canal.

उसने नहर से थोड़ा पानी लाया

y derramó el agua sobre su cabeza

और उसने उसके सिर पर पानी डाला

La bestia abrió los ojos y le habló a Bella.

जानवर ने अपनी आँखें खोलीं और ब्यूटी से बात की
"Olvidaste tu promesa"
'आप अपना वादा भूल गए'
"Me rompió el corazón haberte perdido"
"मैं तुम्हें खोने के लिए बहुत दिल टूट गया था"
"Resolví morirme de hambre"
"मैंने खुद को भूखा रखने का संकल्प लिया"
"pero tengo la felicidad de verte una vez más"
"लेकिन मुझे आपको एक बार फिर देखने की खुशी है"
"Así tengo el placer de morir satisfecho"
"इसलिए मुझे संतुष्ट मरने की खुशी है"
"No, querida bestia", dijo Bella, "no debes morir".
"नहीं, प्रिय जानवर," सौंदर्य ने कहा, "आपको मरना नहीं चाहिए।
"Vive para ser mi marido"
"मेरे पति बनने के लिए जीना"
"Desde este momento te doy mi mano"
"इस क्षण से मैं तुम्हें अपना हाथ देता हूं"
"Y juro no ser nadie más que tuyo"
"और मैं तुम्हारी कसम खाता हूँ कि मैं कोई नहीं बल्कि तुम्हारा हूँ"
"¡Ay! Creí que sólo tenía una amistad para ti"
"काश! मुझे लगा कि मेरे पास आपके लिए केवल दोस्ती है "
"Pero el dolor que ahora siento me convence;"
"लेकिन अब मुझे जो दुःख महसूस हो रहा है, वह मुझे आश्वस्त करता है;"
"No puedo vivir sin ti"
"मैं तुम्हारे बिना नहीं रह सकता"
Bella apenas había dicho estas palabras cuando vio una luz.
सौंदर्य दुर्लभ ने इन शब्दों को कहा था जब उसने एक प्रकाश

देखा था

El palacio brillaba con luz
महल रोशनी से जगमगा रहा था

Los fuegos artificiales iluminaron el cielo
आसमान में आतिशबाजी जगमगा रही थी

y el aire se llenó de música
और हवा संगीत से भर गई

Todo daba aviso de algún gran acontecimiento
सब कुछ कुछ महान घटना की सूचना दी

Pero nada podía captar su atención.
लेकिन कुछ भी उसका ध्यान आकर्षित नहीं कर सका

Ella se volvió hacia su querida bestia.
वह अपने प्रिय जानवर की ओर मुड़ी

La bestia por la que ella temblaba de miedo
वह जानवर जिसके लिए वह डर से कांपती थी

¡Pero su sorpresa fue grande por lo que vio!
लेकिन उसने जो देखा उस पर उसका आश्चर्य बहुत अच्छा था!

La bestia había desaparecido
जानवर गायब हो गया था

En cambio, vio al príncipe más encantador.
इसके बजाय उसने सबसे प्यारे राजकुमार को देखा

Ella había puesto fin al hechizo.
उसने जादू का अंत कर दिया था

Un hechizo bajo el cual se parecía a una bestia.
एक जादू जिसके तहत वह एक जानवर जैसा दिखता था

Este príncipe era digno de toda su atención.
यह राजकुमार उसके सभी ध्यान के योग्य था

Pero no pudo evitar preguntar dónde estaba la bestia.
लेकिन वह मदद नहीं कर सकी लेकिन पूछा कि जानवर कहाँ था

"Lo ves a tus pies", dijo el príncipe.

"आप उसे अपने पैरों पर देखते हैं," राजकुमार ने कहा
"Un hada malvada me había condenado"
"एक दुष्ट परी ने मुझे दोषी ठहराया था"
"Debía permanecer en esa forma hasta que una hermosa princesa aceptara casarse conmigo"
"मुझे उस आकार में रहना था जब तक कि एक सुंदर राजकुमारी मुझसे शादी करने के लिए सहमत नहीं हो जाती"
"El hada ocultó mi entendimiento"
"परी ने मेरी समझ छिपाई"
"Fuiste el único lo suficientemente generoso como para quedar encantado con la bondad de mi temperamento"
"आप केवल एक ही उदार थे जो मेरे स्वभाव की अच्छाई से मंत्रमुग्ध हो गए थे।
Bella quedó felizmente sorprendida
सुंदरता खुशी से हैरान थी
Y le dio la mano al príncipe encantador.
और उसने आकर्षक राजकुमार को अपना हाथ दिया
Entraron juntos al castillo
वे महल में एक साथ चले गए
Y Bella se alegró mucho al encontrar a su padre en el castillo.
और ब्यूटी अपने पिता को महल में पाकर बहुत खुश हुई
y toda su familia estaba allí también
उसका पूरा परिवार भी वहीं था
Incluso Bella dama que apareció en su sueño estaba allí.
यहां तक कि उसके सपने में दिखाई देने वाली खूबसूरत महिला भी वहां थी
"Belleza", dijo la dama del sueño.
"सुंदरता," सपने से महिला ने कहा
"ven y recibe tu recompensa"
"आओ और अपना प्रतिफल ग्रहण करो"
"Has preferido la virtud al ingenio o la apariencia"

"आपने बुद्धि या रूप पर गुण को प्राथमिकता दी है"

"Y tú mereces a alguien en quien se unan estas cualidades"

"और आप किसी ऐसे व्यक्ति के लायक हैं जिसमें ये गुण एकजुट हैं"

"vas a ser una gran reina"

"आप एक महान रानी बनने जा रहे हैं"

"Espero que el trono no disminuya vuestra virtud"

"मुझे आशा है कि सिंहासन आपके पुण्य को कम नहीं करेगा"

Entonces el hada se volvió hacia las dos hermanas.

फिर परी दोनों बहनों की ओर मुड़ी

"He visto dentro de vuestros corazones"

"मैंने तुम्हारे दिल के अंदर देखा है"

"Y sé toda la malicia que contienen vuestros corazones"

"और मैं जानता हूँ कि तुम्हारे मन में कितनी दुर्भावना है"

"Ustedes dos se convertirán en estatuas"

"तुम दोनों मूर्ति बन जाओगे"

"pero mantendréis vuestras mentes"

"लेकिन आप अपना दिमाग रखेंगे"

"estarás a las puertas del palacio de tu hermana"

"तुम अपनी बहन के महल के द्वार पर खड़े रहोगे"

"La felicidad de tu hermana será tu castigo"

"तेरी बहन की ख़ुशी तेरी सज़ा होगी"

"No podréis volver a vuestros antiguos estados"

"आप अपने पूर्व राज्यों में वापस नहीं जा पाएंगे"

"A menos que ambos admitan sus errores"

"जब तक, आप दोनों अपनी गलतियों को स्वीकार नहीं करते"

"Pero preveo que siempre permaneceréis como estatuas"

"लेकिन मुझे लगता है कि आप हमेशा मूर्तियां ही रहेंगे"

"El orgullo, la ira, la gula y la ociosidad a veces se vencen"

"अभिमान, क्रोध, लोलुपता और आलस्य पर कभी-कभी विजय

प्राप्त की जाती है"

" pero la conversión de las mentes envidiosas y maliciosas son milagros"

"लेकिन ईर्ष्यालु और दुर्भावनापूर्ण दिमाग का परिवर्तन चमत्कार है"

Inmediatamente el hada dio un golpe con su varita.

तुरंत परी ने अपनी छड़ी से एक झटका दिया

Y en un momento todos los que estaban en el salón fueron transportados.

और एक पल में हॉल में जो कुछ भी था उसे ले जाया गया

Habían entrado en los dominios del príncipe.

वे राजकुमार के प्रभुत्व में चले गए थे

Los súbditos del príncipe lo recibieron con alegría.

राजकुमार की प्रजा ने खुशी से उसका स्वागत किया

El sacerdote casó a Bella y la bestia

पुजारी ने ब्यूटी एंड द बीस्ट से शादी की

y vivió con ella muchos años

और वह उसके साथ कई वर्षों तक रहा

y su felicidad era completa

और उनकी खुशी पूरी हो गई

porque su felicidad estaba fundada en la virtud

क्योंकि उनकी खुशी पुण्य पर आधारित थी

                El fin
                समाप्त